TERRE

Bonjour ! Vous allez bientôt entamer un incroyable voyage pour en apprendre davantage sur notre planète :

LA TERRE

Vous découvrirez que cet endroit merveilleux, que nous appelons notre maison, est rempli de choses fascinantes.

La Terre s'est formée il y a environ 4,6 milliards d'années. Mais comment ?

Elle est née de roches et de poussières qui se sont agglomérées dans l'espace. Au fil du temps, elle est devenue tellement chaude qu'elle s'est transformée en une boule de lave géante.

Elle s'est ensuite refroidie et a formé une surface solide où sont apparus des océans et des montagnes, et plus tard, la vie.

La Terre est la troisième planète du système solaire la plus proche du Soleil.

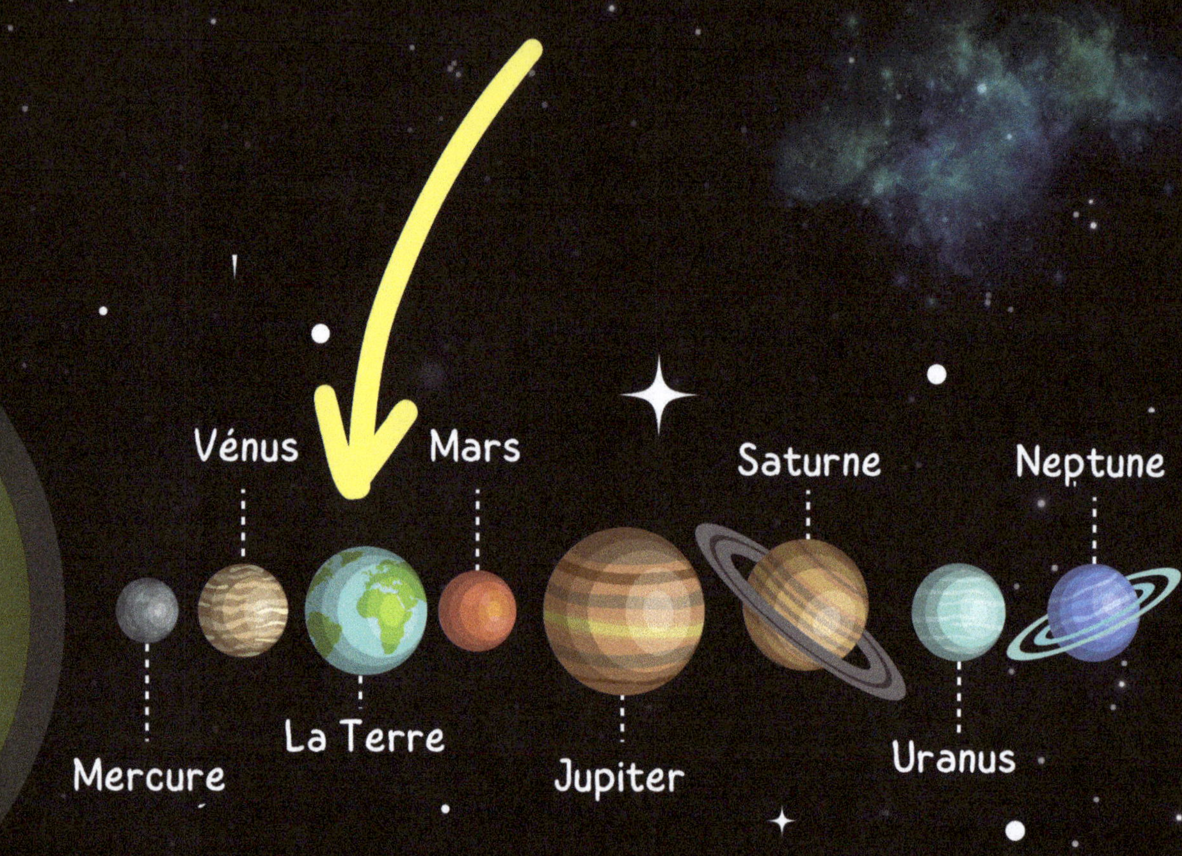

Elle fait partie des planètes rocheuses, car elle est essentiellement constituée de roches et de minéraux.

Depuis l'espace, la Terre ressemble à une boule bleue car elle est principalement recouverte d'eau.

Si on pouvait couper un petit morceau de Terre et regarder à l'intérieur, on verrait qu'elle est constituée de trois grandes couches :

- **Croûte** : La couche externe, composée de terre et de roches.

- **Manteau** : Couche épaisse située sous la croûte, où les roches fondent sous l'effet d'une chaleur intense.

- **Noyau** : Le centre de la Terre, constitué principalement de métaux comme le fer et le nickel. Il est extrêmement chaud !

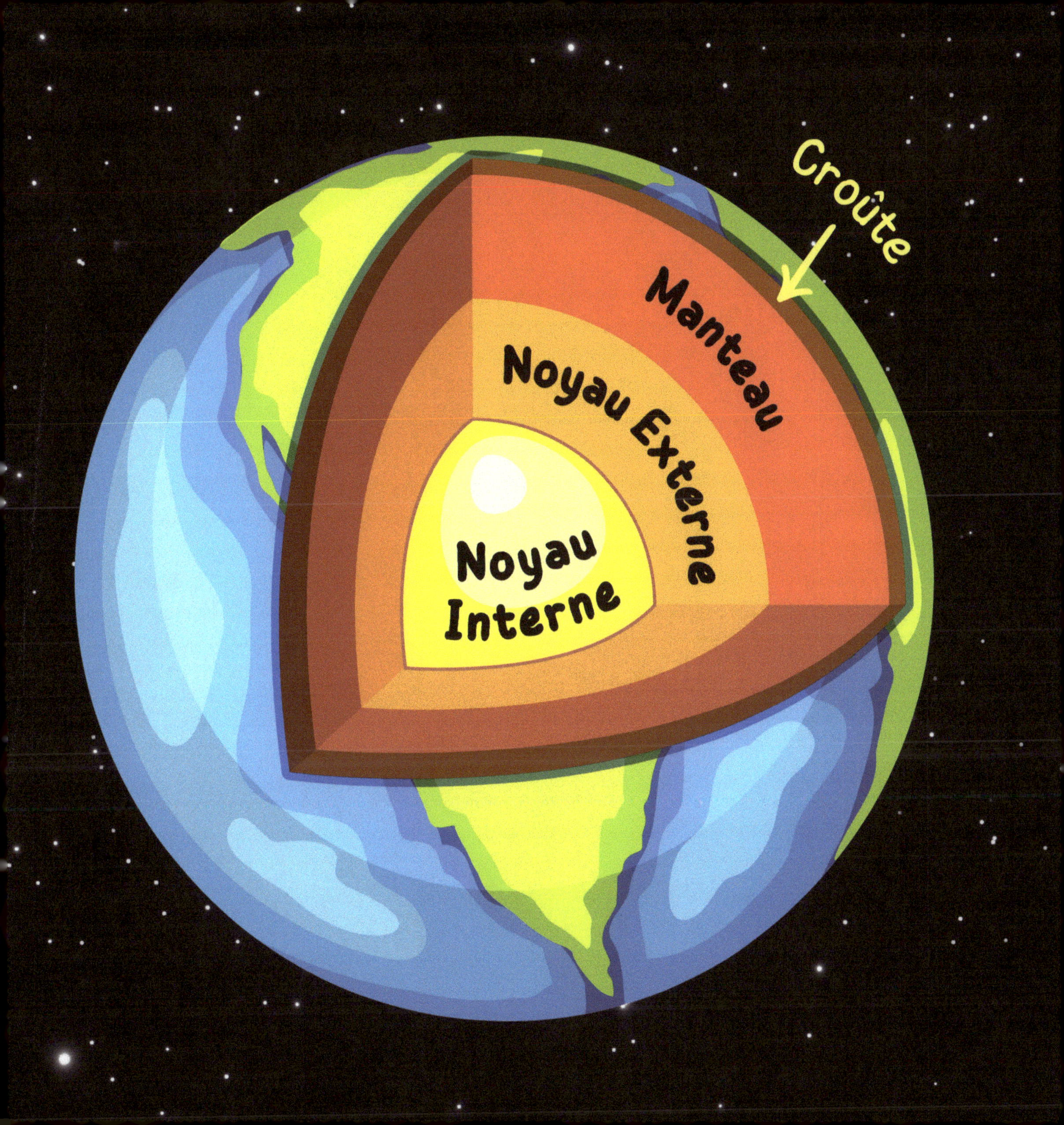

Croûte
Manteau
Noyau Externe
Noyau
Interne

Notre planète est composée de trois éléments principaux qui la rendent habitable :

- **Géosphère** : Ensemble des roches et des terres, depuis les montagnes jusqu'au fond des mers.

- **Hydrosphère** : Ensemble de l'eau, couvrant 70 % de la surface. Elle comprend les océans, les rivières, les lacs et même l'eau gelée des pôles.

- **Atmosphère** : Couche de gaz qui enveloppe l'ensemble de la planète. Elle nous protège et rend la vie possible.

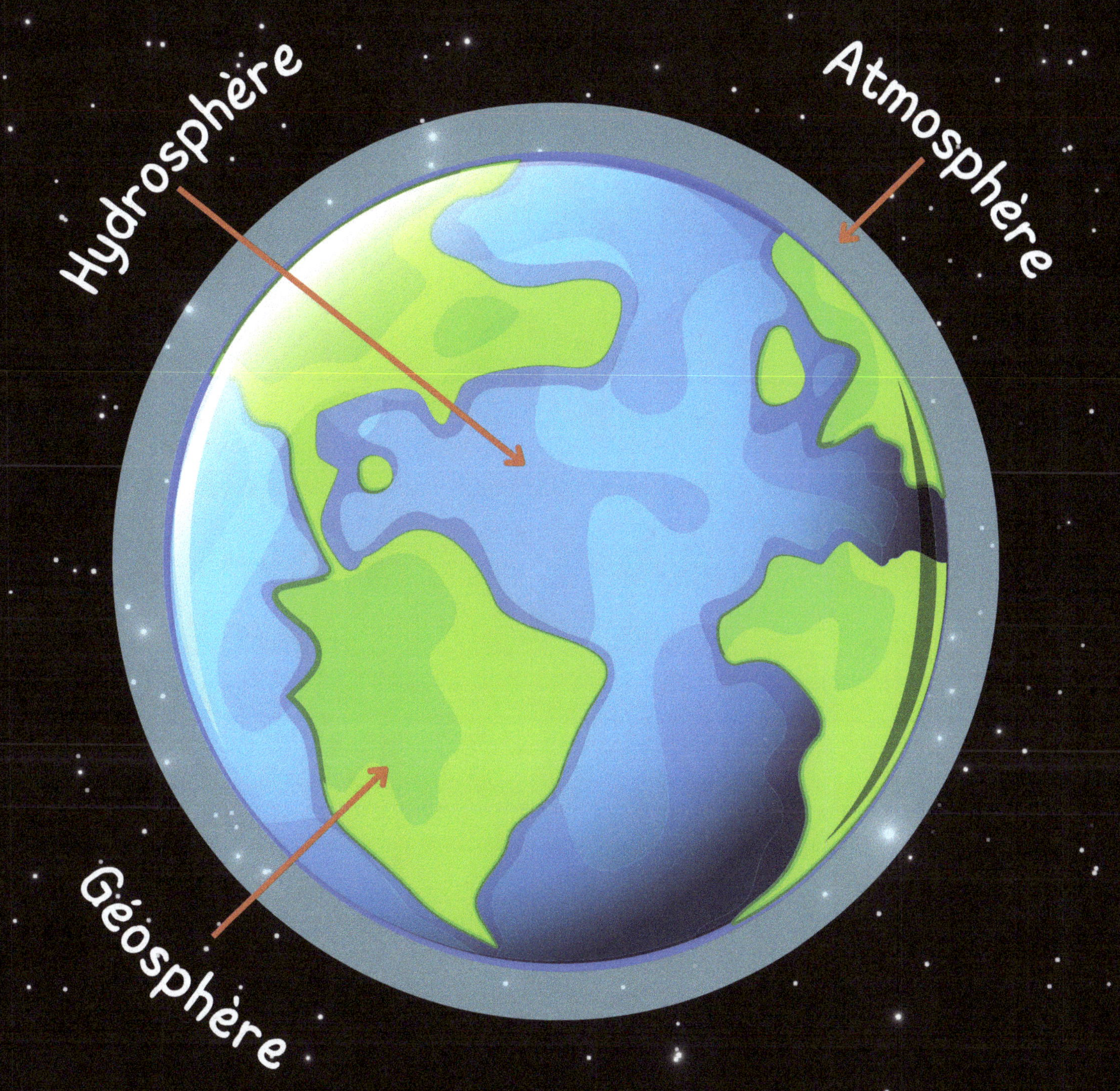

Hydrosphère
Atmosphère
Géosphère

Les 5 Couches principales de l'atmosphère

- Troposphère : Là où se produisent les phénomènes météorologiques (pluie, nuages, vent...) et là où nous vivons.

- Stratosphère : Là où se trouve la couche d'ozone qui nous protège du soleil.

- Mésosphère : Là où les météores se consument.

- Thermosphère : Là où se produisent les aurores boréales.

- Exosphère : La strate la plus externe, où les satellites et les engins spatiaux sont en orbite.

Exosphère
Thermosphère
Mésosphère
Stratosphère
Troposphère

La couche d'ozone

Comme évoqué précédemment, la couche d'ozone se trouve dans la stratosphère.

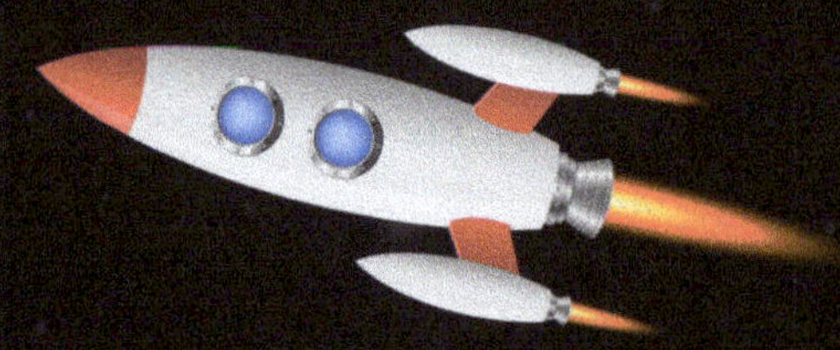

Cette couche agit comme un bouclier pour nous protéger des rayons ultraviolets du soleil, qui peuvent causer des problèmes de santé et endommager les écosystèmes marins et terrestres.

La rotation de la Terre

Notre planète est animée de deux mouvements importants : la rotation et la révolution. Intéressons-nous d'abord à la rotation.

Dans ce mouvement, la Terre tourne sur son axe comme une toupie.

Il lui faut 24 heures pour faire un tour complet, ce qui correspond à une journée. Ce mouvement est à l'origine du jour et de la nuit. Lorsqu'un côté de la Terre fait face au Soleil, c'est le jour. Lorsqu'il est du côté opposé, c'est la nuit.

Dans le mouvement de révolution, la Terre tourne autour du Soleil.

Il faut 365 jours pour effectuer une orbite complète autour du Soleil, ce qui représente une année.

La révolution, ainsi que l'inclinaison de l'axe de la Terre, sont à l'origine des saisons : le printemps, l'été, l'automne et l'hiver.

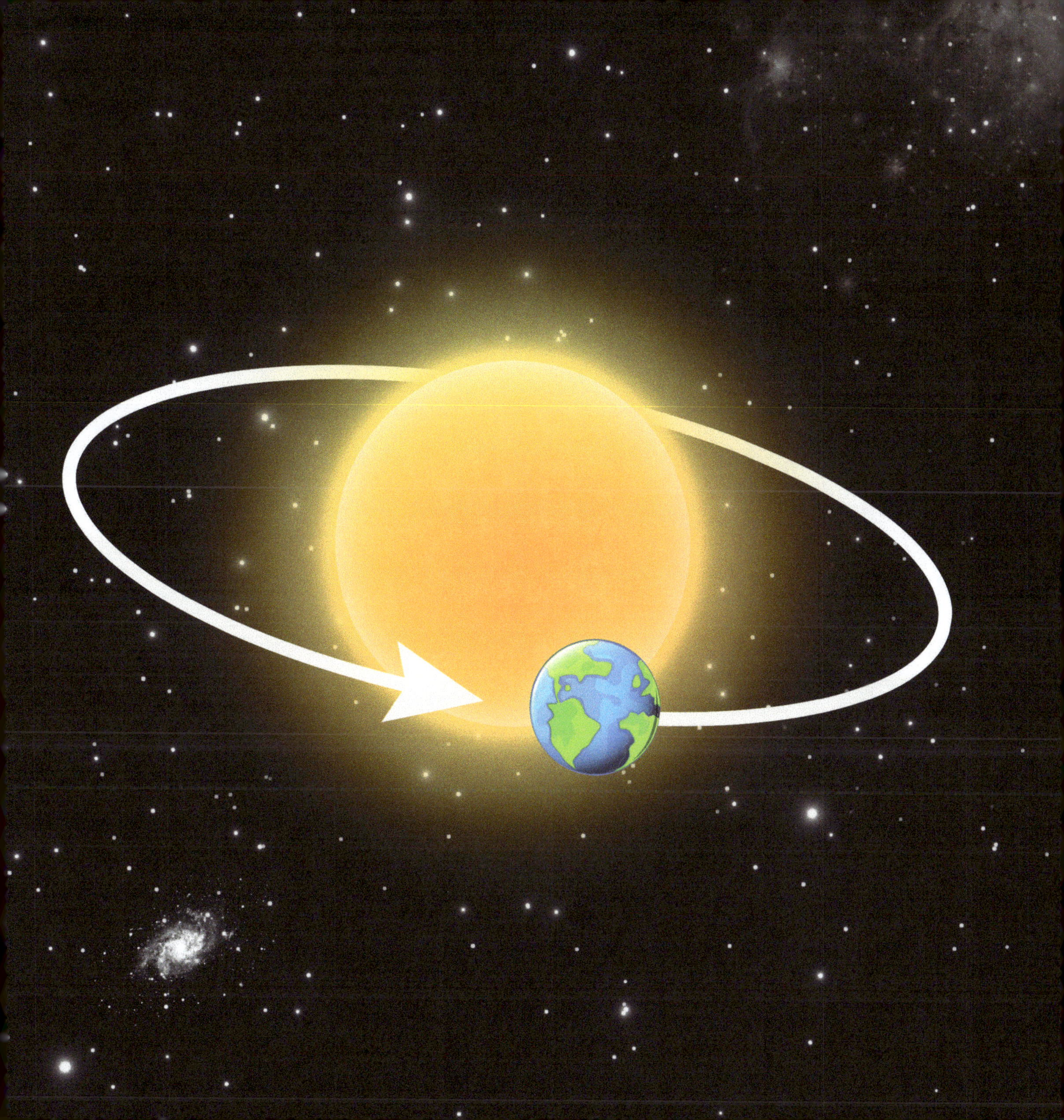

Comment la vie sur Terre est-elle possible ?

Eau : La Terre contient beaucoup d'eau, et l'eau est essentielle pour tous les êtres vivants.

Air : Nous disposons d'une atmosphère avec de l'air que nous pouvons respirer. L'oxygène présent dans l'air est essentiel à la survie des plantes, des animaux et des êtres humains.

Température : La température de la Terre est juste ce qu'il faut. Il ne fait ni trop chaud ni trop froid, ce qui facilite la croissance des plantes et permet aux animaux de vivre confortablement.

Soleil : Le Soleil nous procure la lumière et la chaleur nécessaires. Les plantes utilisent la lumière du soleil pour se nourrir grâce à un processus appelé *photosynthèse*.

Terre : La Terre a un sol fertile où les plantes poussent. Les plantes sont importantes car elles nous fournissent de la nourriture et de l'oxygène.

Protection : La Terre possède une couche d'ozone qui nous protège des rayons solaires nocifs.

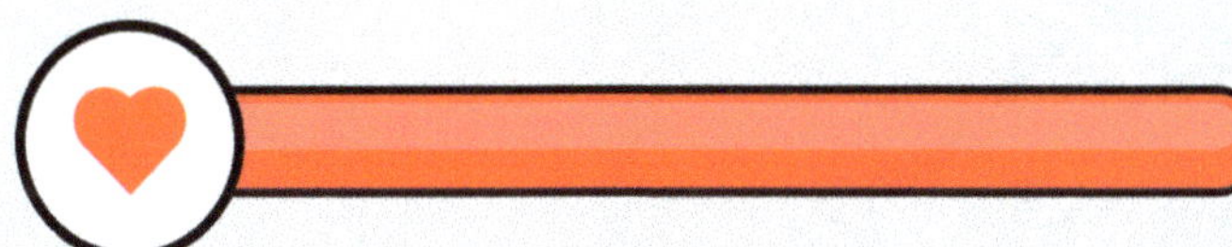

Le 22 avril, nous fêtons la Journée de la Terre pour rappeler l'importance de prendre soin de notre maison.

Vous pouvez contribuer à protéger la planète Terre en recyclant, en économisant l'eau, en utilisant les transports publics et en respectant tous les êtres vivants.

La Terre est un endroit merveilleux et il est de notre devoir de la protéger. Le moindre petit geste compte et nous aide à assurer un avenir à tous les êtres vivants qui l'habitent.

J'espère que vous avez apprécié d'en apprendre plus sur la Terre. Prenez bien soin de notre planète, car c'est la seule maison que nous ayons !

MOTS MÊLÉS

```
J D Q R H V T K J J T X Q V P
K E L T P T A G S H P D D R W
B Z X D A M O P S G S T L N D
U I B O G N W D B Y P H I V P
C L I C S D R B N I J E P X D
G Z T R O P O S P H E R E R E
B E G W M J H G J P H M O V C
K U E X M E J E E O T O L Q L
Z L I K P D K U R N E S P S Q
B C T O K N S G Y E V P T G U
V H A M K U G A K U A H F S K
L I X Q M E S O S P H E R E P
E V C G K A J Y X F A R Q P E
S T R A T O S P H E R E U H C
T A T U M P Q I S I S C G Y B
```

TROPOSPHÈRE   MÉSOSPHÈRE   EXOSPHÈRE

STRATOSPHÈRE   THERMOSPHÈRE

IDENTIFIER

NOYAU INTERNE
NOYAU EXTERNE
MANTEAU
CROÛTE

MOTS CROISÉS

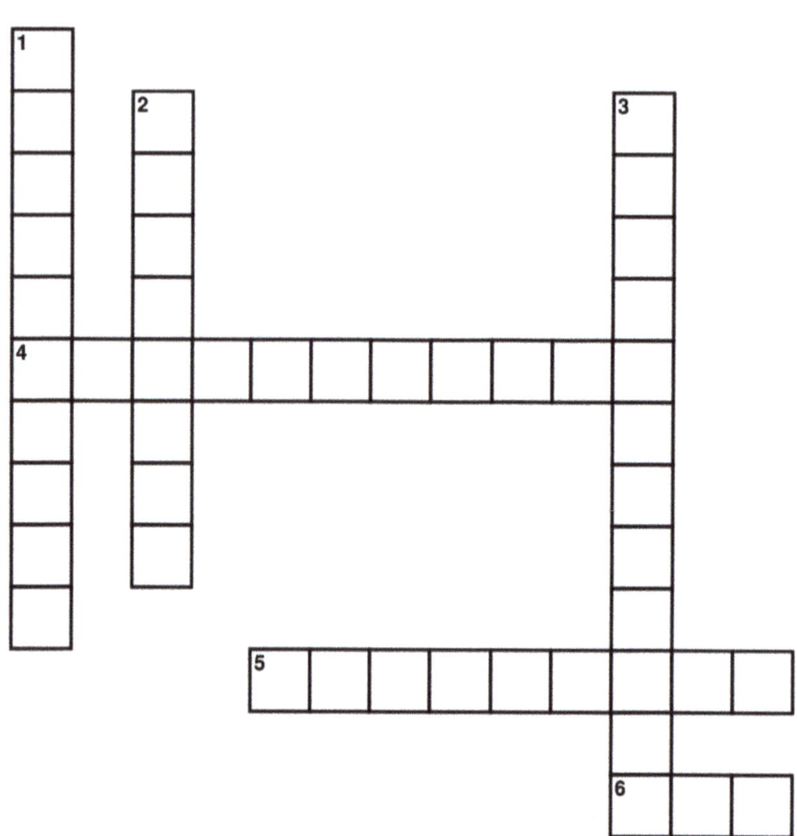

Horizontal

[4] Rayons du Soleil dont la couche d'ozone nous protège.
[5] Partie de la planète composée de roches et de terres.
[6] Couvre 70 % de la surface terrestre.

Vertical

[1] Mouvement de la Terre autour du Soleil.
[2] Mouvement de la Terre sur son axe.
[3] Couche de l'atmosphère où se trouve la couche d'ozone.

IDENTIFIER
GÉOSPHÈRE
HYDROSPHÈRE
ATMOSPHÈRE

SOLUTIONS

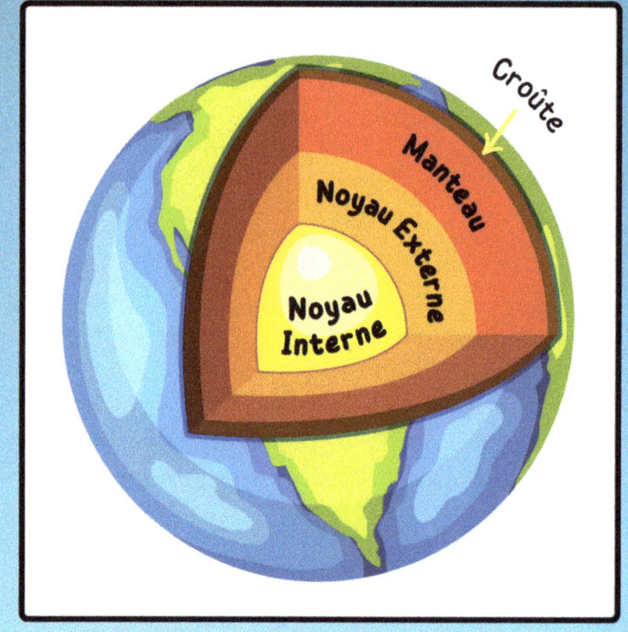

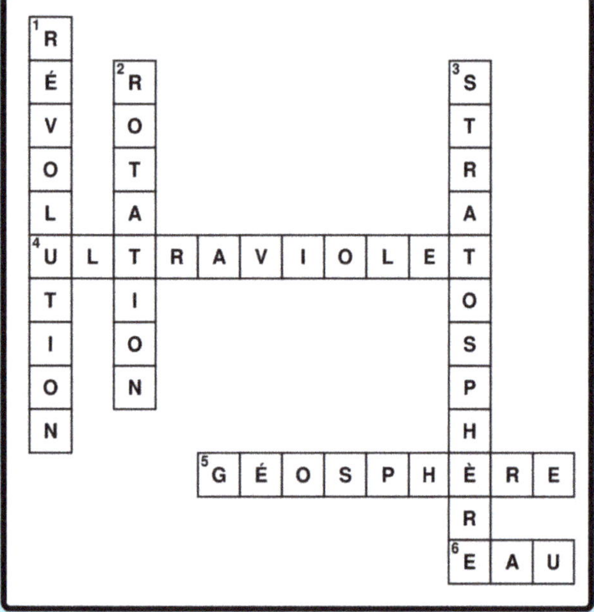

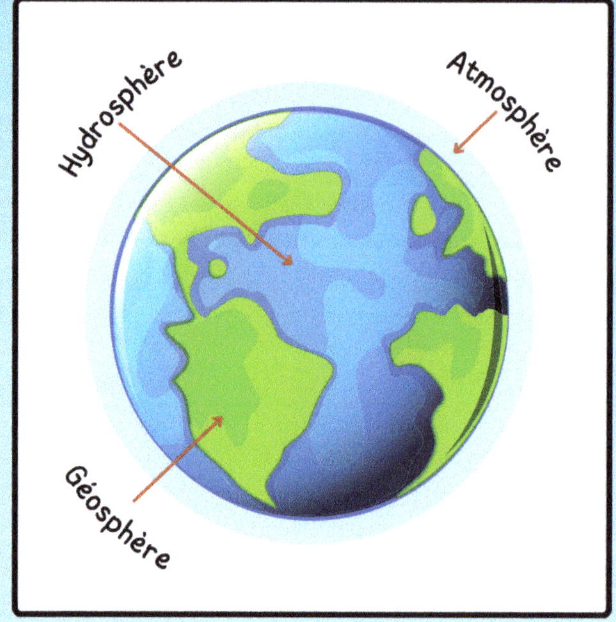

Ce livre est le fruit de beaucoup de travail, d'amour et de dévouement.

Peut-être que vous ne le savez pas, mais je suis un auteur indépendant. Pour créer chacun de mes livres, il n'y a qu'une seule personne : moi.

Je réalise tout le processus (documentation, conception...). Il n'y a pas de grande maison d'édition derrière moi, ni d'illustrateurs. Je m'occupe personnellement de tout, avec beaucoup d'affection et d'enthousiasme. Chaque fois que je publie un nouveau livre, c'est presque comme un nouvel enfant pour moi.

C'est pourquoi je vous demande, si vous êtes si aimable, de prendre en compte tout cela en laissant un avis honnête sur la plateforme où vous avez acheté ce livre. Cela me rendra très heureux, me motivera à continuer et, surtout, apportera des informations précieuses pour les futurs lecteurs.

Je vous remercie de tout cœur de consacrer quelques secondes de votre temps pour donner au monde votre opinion sincère.

À bientôt !

APPRENEZ AVEC NOS
LIVRES ÉDUCATIFS POUR ENFANTS

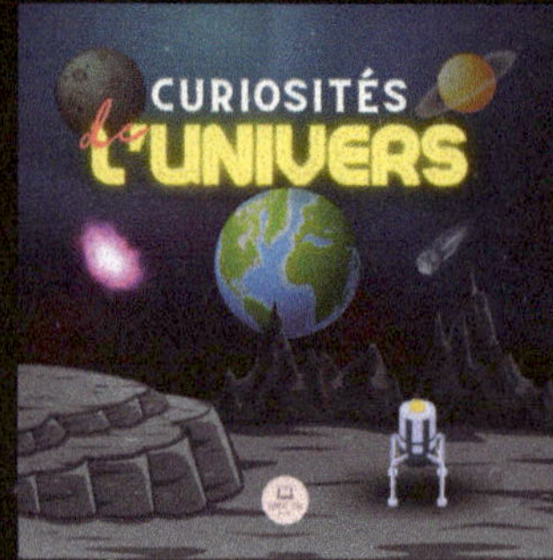

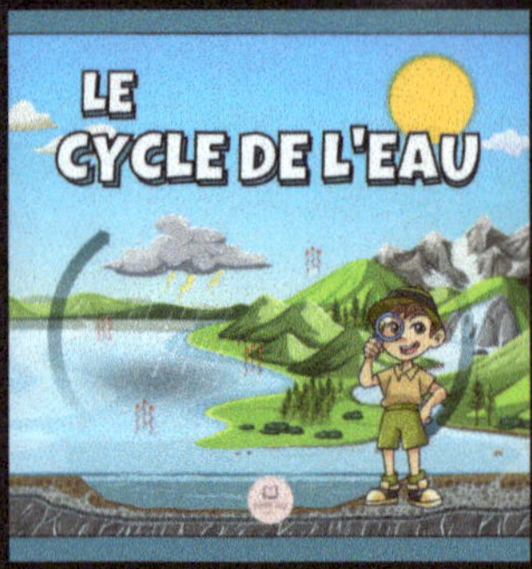

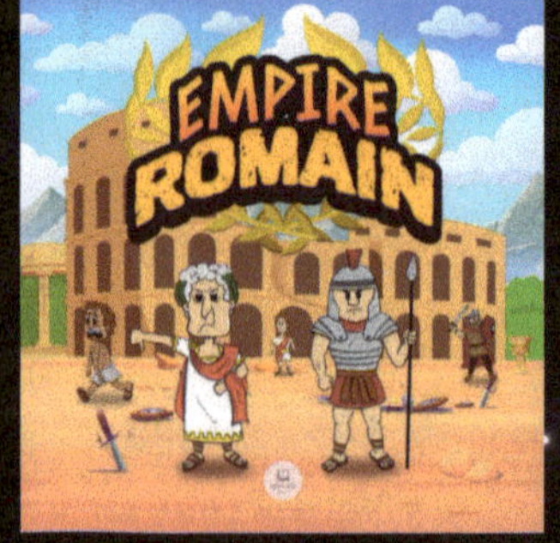

Avez-vous des idées pour un nouveau livre ? J'adore entendre les pensées et les suggestions de mes jeunes lecteurs !

S'il y a un sujet que vous aimeriez voir abordé dans un prochain livre, faites-le-moi savoir ! Contactez-moi par e-mail et j'examinerai votre suggestion. N'oubliez pas que cela doit être un sujet éducatif !

 **contacto@samueljohnbooks.com**

samuel John

BOOKS

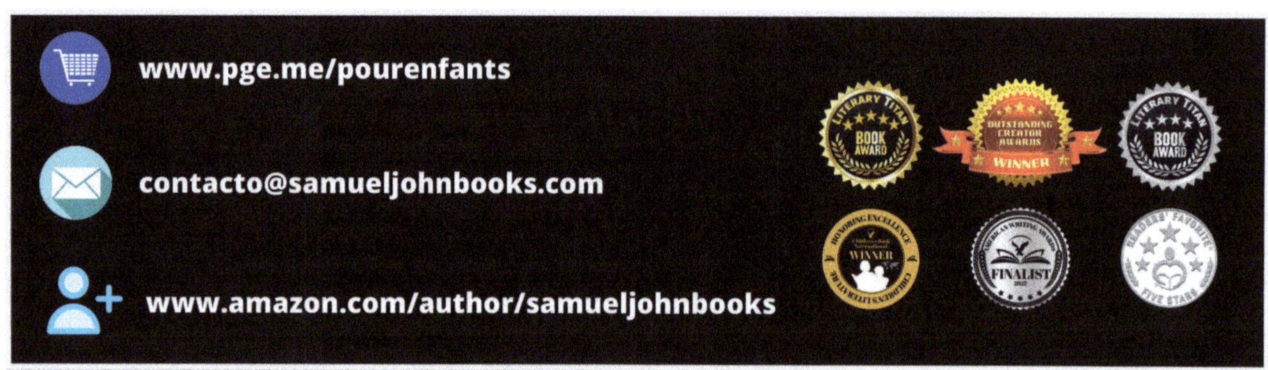

www.pge.me/pourenfants

contacto@samueljohnbooks.com

www.amazon.com/author/samueljohnbooks